AF603136

LES

DUMACHEFF

OU

LE COCHER FIDÈLE

Parodie de la pièce de l'Odéon : *LES DANICHEFF*

EN UN ACTE ET DEUX TABLEAUX

PAR

MM. Émile DESBEAUX, Albert FIX & Henri MEYER

PARIS
LIBRAIRIE COLORIÉE
7, RUE ROCHECHOUART, 7.

1876

LES DUMACHEFF

OU

LE COCHER FIDÈLE

Représentée pour la première fois à Paris, sur le Théâtre des Variétés,
le 4 février 1876

LES

DUMACHEFF

OU

LE COCHER FIDÈLE

Parodie de la pièce de l'Odéon : *LES DANICHEFF*

EN UN ACTE ET DEUX TABLEAUX

PAR

MM. Émile DESBEAUX, Albert FIX & Henri MEYER

PARIS
LIBRAIRIE COLORIÉE
7, RUE ROCHECHOUART, 7

1876

PERSONNAGES

NANA ME-V'LA (toilette laine bleue, fichu blanc, croix russe au cou).	Mmes BERTHE LEGRAND.
LA PRINCESSE KAFÉLANOS (toilette de bal).	ANGÈLE.
LA COMTESSE DUMACHEFF (toilette de bal).	R. MAUREL.
OSTYP (costume de cocher de fiacre, pantalon bouffant dans les bottes).	MM. LÉONCE.
TIENLDÉ (habit noir, cravate blanche, décoration excentrique).	COQUELIN CADET.
WLADIMIR DUMACHEFF (il a un costume-charge de lancier polonais et tient une lance).	HAMBURGER.
LE PRINCE KAFÉLANOS (habit noir, cravate blanche, crachats et décorations).	BLONDELET.
ZAMOILKOFF (habit noir, cravate blanche, excentrique).	DANIEL BAC.
Personnages muets — L'OPHICLÉIDE (habit noir) .	GERMAIN.
Personnages muets — LE DOCTEUR (habit noir) . .	MONTI.

Au lever du rideau, l'Ophicléide dort à gauche sur une chaise, tenant un ophicléide sur ses genoux; — le Docteur dort à droite sur un pliant qui est attaché à lui et qu'il entraîne lorsqu'il se lève.

Paris. — Imprimerie MOTTEROZ, rue du Dragon, 31.

LES DUMACHEFF

OU

LE COCHER FIDÈLE

La scène représente le salon de la princesse Kafélanos. — Au milieu, un pouf à colonnes. — A gauche, une table de jeu à laquelle sont assis le prince Kafélanos et la comtesse Dumacheff. — Au premier plan, à droite et à gauche, le docteur et l'Ophicléide dorment. — A l'entrée du salon se trouve un porte-cannes.

PREMIER TABLEAU

SCÈNE PREMIÈRE

LE PRINCE, LA COMTESSE.

LE PRINCE.

Continuons cette petite partie de piquet, chère comtesse... Comment vous appelez-vous donc ?

LA COMTESSE.

Comtesse Dumacheff, vous le savez bien...

LE PRINCE.

Je le sais bien, seulement... seulement, qu'est-ce que je disais donc ?...

LA COMTESSE.

Voyons, mon cher prince, mon cher prince Kafélanos, annoncez votre point.

LE PRINCE.

Très-bien. J'ai 9 cartes, 5 dames et 6 as, ça fait 94 et je joue 95.

LA COMTESSE.

Oh! 6 as et 9 cartes! Il est tout à fait gâteux. Mais ce n'est pas pour jouer au piquet comme ça que je suis venue à Moscou, que j'ai quitté Schava.

LE PRINCE.

Pardon! n'allez pas si vite, ça m'embrouillerait! Vous dites Schava? c'est vrai, vous êtes *Schavanaise*. Je me rappelle qu'en ma jeunesse, quand j'habitais Paris, j'ai parlé cette langue-là dans certains boudoirs bleu de ciel.

LA COMTESSE.

Quelle langue!

LE PRINCE.

La langue *schavanaise* : Bavonjavour, etc.

LA COMTESSE.

Voyons, peut-on parler sérieusement?

LE PRINCE.

Allez-y.

LA COMTESSE, se levant et mettant des gants de filoselle blancs.

Alors, attendez... Prince Kafélanos, j'ai l'honneur de vous demander la main de votre fille, la princesse Stéarine Kafélanos, pour mon fils, le comte Wladimir Dumacheff! Voilà pourquoi j'ai quitté Schava.

LA COMTESSE.

Maintenant, comme il ne faut rien se cacher entre vieux copains, je vais vous dire en deux mots le passé de Wladimir.

LE PRINCE.

Ça m'est égal.

LA COMTESSE.

Ça ne fait rien. Figurez-vous que mon idiot de rejeton s'était amouraché d'une misérable esclave dont j'avais eu la faiblesse de faire ma manicure.

LE PRINCE.

Je n'y vois pas de mal.

LA COMTESSE.

Mais le mal, c'est qu'il voulait l'épouser.

LE PRINCE.

Pourquoi faire?

LA COMTESSE.

Parce qu'il l'aimait.

LE PRINCE.

Ah ! ah ! s'il fallait épouser toutes les femmes qu'on aime ! Tenez, moi, par exemple !...

LA COMTESSE, l'interrompant.

Ça suffit, je continue. Il me fallut donc trouver un joint pour empêcher cette union stupide...

LE PRINCE.

Absurde !

LA COMTESSE.

Insensée ! J'emmenai Wladimir chez mon homme d'affaires, qui nous rédigea un petit traité : Wladimir s'engageait à s'engager dans le vingt-cintième lanciers à patins à roulettes de la Newa et à faire la cour pendant un an à votre fille... De mon côté, je m'engageais à lui faire épouser cette manicure, Mlle Nana Me-V'là, si, au bout de ce temps, il y pensait encore.

LE PRINCE.

Parfait ! parfait !

LA COMTESSE.

Attendez donc. Wladimir partit. Sitôt la porte refermée, j'appelai le premier venu, mon cocher Ostyp, et je lui ordonnai de prendre pour femme la petite Nana. Ça tombait bien, il l'adorait. Pour la peine, je les ai affranchis. Les choses se passèrent en règle par-devant mon chapelain ordinaire...

LE PRINCE.

Connais ; le père André !

LA COMTESSE.

Non, j'ai changé ; maintenant, c'est le père Spectivnewski.

LE PRINCE.

Connais pas.

LA COMTESSE.

Et voilà comment Wladimir est libre, puisque Nana est mariée à Ostyp. Vous avez compris ?

LE PRINCE, se levant.

Ah ! attendez... pas très-bien... Dites-moi ? qu'est-ce que c'est que tous ces gens-là ?

LA COMTESSE.

Ah ! quel gâtisme ! Mais je vous le répète, Nana Me-V'là, c'est ma manicure, une serve ; Ostyp, c'est mon cocher, un serf, et Wladimir, c'est mon fils...

LE PRINCE.

Un daim.

LA COMTESSE.

Vous voyez bien que vous avez compris.

LE PRINCE.

Ça commence.

(Paraissent au fond la princesse et Tienldé.)

LA COMTESSE, regardant au fond.

Ah ! j'aperçois la princesse Stéarine. Comment

Wladimir résisterait-il à tant de charmes ? Mais quel est donc le gommeux qui fait la roue devant elle.

LE PRINCE.

C'est votre fils ?

LA COMTESSE.

Mais non.

LE PRINCE.

Ah ! c'est un jeune diplomate parisien, un garçon très-bien élevé, mais bavard : il fait des mots, il accapare la conversation.

LA COMTESSE.

Il s'appelle...?

LE PRINCE.

Tienldé ! le vicomte de Tienldé. Mais venez donc que je vous donne votre revanche. (Ils vont se rasseoir à la table de jeu.)

SCÈNE II

LES MÊMES, LA PRINCESSE KAFÉLANOS, TIENLDÉ, ZAMOILKOFF qui se tient humblement derrière eux.

LA PRINCESSE.

Vous allez voir, mon cher Tienldé, un tas de personnages bien curieux ; tenez, je vais vous les présenter. Ça vous va-t-il, vicomte ?

TIENLDÉ, avec un léger accent de gamin de Paris.

Princesse, ça me va comme un gant !

LA PRINCESSE.

Alors, je commence. (Elle prend une canne dans le porte-cannes.) Ceci vous représente la vieille comtesse Dumacheff, qui, du fond de la Russie, m'a dépêché son fils pour me faire la cour : une bonne femme qui ne sait pas ce qu'elle veut. Le vieux gâteux qui joue avec elle, c'est papa. Ce bonhomme qui dort tout le temps, c'est mon médecin. (Elle se dirige vers le médecin et lui montre un autre coin où il se rend ; un pliant est attaché à lui. Le docteur se rasseoit et se rendort. — On entend l'ophicléide.)

TIENLDÉ.

Qu'est-ce que c'est que ça?... La fête à Saint-Cloud?

LA PRINCESSE.

Non, c'est mon pianiste, une coutume du pays; nous avons comme cela des musiciens qui nous sont spécialement attachés... (Elle repose la canne.)

TIENLDÉ.

Comme moi, d'ambassade... Et celui-là ? (Il montre Zamoilkoff.)

LA PRINCESSE, gracieusement et à haute voix, et près de Tienldé.

Un joli filou, un serf affranchi, M. Zamoilkoff.

TIENLDÉ.

Ah bah !

LA PRINCESSE.

Un ramasseur de millions dans des spéculations véreuses ; il vient sans doute solliciter mon influence pour quelque nouvelle affaire... — Approche. Que veux-tu ? — Écoutez-le.

ZAMOILKOFF.

Voici, très-vénérée princesse, ce qu'un humble chien vient respectueusement te demander. (Il lui embrasse le pied droit.)

TIENLDÉ.

Comment, il vous tutoie ?

LA PRINCESSE.

Ici, c'est une marque de respect.

TIENLDÉ, lui poussant le coude.

T'es bête, fallait donc le dire tout de suite.

LA PRINCESSE.

Ah! non, c'est bon pour les serfs.

TIENLDÉ.

Ah ! je ne suis pas marié.

ZAMOILKOFF.

Très-chère et très-haute princesse Stéarine Kafélanos, daigne écouter le vil caniche qui te parle. (Il lui embrasse le pied gauche.)

LA PRINCESSE.

Dépêche-toi. (Elle s'assied sur le pouf avec Tienldé.)

ZAMOILKOFF.

J'ai acheté le brevet de gutta-percha pour fabriquer du caviar, et je voudrais simplement obtenir du gouvernement qu'il interdise absolument la consommation de l'autre caviar.

LA PRINCESSE.

Du vrai ?

ZAMOILKOFF.

Tu y es en plein.

TIENLDÉ.

Et pourquoi ?

LE PRINCE, à la comtesse.

Oui, pourquoi coupez-vous quand vous avez du pique?...

ZAMOILKOFF.

Ne perdons pas la carte. Parce que ça me fait du tort.

TIENLDÉ.

Oh ! sublime !

ZAMOILKOFF.

Toi qui passes, et à juste titre, pour être la maîtresse du gouverneur, tu peux facilement m'obtenir cette petite faveur; d'ailleurs, tu sais, entre nous, je ne chipoterai pas sur le prix. Veux-tu ce niagara de cabochons? (Il lui montre un chapelet de bouchons de carafe qu'il tire de sa poche.)

LA PRINCESSE.

C'est du toc, non! As-tu sur toi 300 mille roubles?

ZAMOILKOFF, tirant son portefeuille.

Parfaitement... voici un bon Crépin. (Il remonte un peu au fond.)

LA PRINCESSE va mettre le bon dans la casquette de l'Ophicléide.

Pour mes pauvres! (Redescendant à sa gauche.) Oh! tu m'as prise pour une imbécile! (Elle avance sur lui.) Un bon Crépin et devant le monde! Ah! je le coulerai, ton caviar élastique! tu peux y compter.

ZAMOILKOFF, tragiquement et manquant de tomber dans le trou du souffleur.

C'est comme ça. Eh bien, je me vengerai! (Il sort au fond en renversant Tienldé sur le pouf.)

SCÈNE III

LES MÊMES, WLADIMIR, en entrant il pose sa lance dans le porte-cannes, et va vers Tienldé sans être vu des autres personnages.

TIENLDÉ.

Tiens, v'là Dimir, ce cher Dimir!

WLADIMIR.

Chut! chut! Je viens pour te prier de me faire mousser...

TIENLDÉ.

Comment ça?

WLADIMIR.

Raconte ma chasse à l'ours, parbleu! pendant ce temps-là je me dissimule. (Il va se cacher derrière le pouf.)

TIENLDÉ, haut.

Mesdames et Messieurs, connaissez-vous l'histoire de ma chasse à l'ours? Non! Oh! c'est étonnant; alors, écoutez-moi ça. (Il frappe trois coups dans ses mains; le prince et la comtesse arrivent sur le devant de la scène avec leurs cartes à la main, ainsi que le médecin; et il dit à l'Ophicléide :) Attention, la musique. La chasse à l'ours, récit, fable.

LE PRINCE.

Ah! j'allais précisément vous le demander, il paraît que vous avez été héroïque!

TIENLDÉ.

Héroïque? C'est Wladimir Dumacheff qui a été héroïque, et je profite de ce qu'il n'est pas là justement pour vous dégoiser la chose. La chasse à l'ours, récit, fable : Dans votre pays, quand on arrive, c'est une habitude, on vous invite à une chasse à l'ours, autrement dit, on vous envoie à l'ours, fichue habitude du reste. Nous autres Parisiens, nous acceptons, d'abord parce que nous ne pouvons pas faire autrement, et ensuite parce que nous ne voulons pas avoir l'air de caner. C'était donc à une chasse chez le comte Chandelloff, qui me donne le poste d'honneur. C'est flatteur, mais ça dépend des goûts, quand on n'aime pas l'ours par exemple. Cependant, je vous dirai que moi, je n'y croyais pas beaucoup, quand soudain je lève les yeux et qu'est-ce que je vois, un ours, assis en face de moi, les bras croisés, qui me regardait avec une curiosité inconvenante!... Il semblait dire : J'ai trouvé mon souper. Il n'avait plus qu'à mettre sa serviette. Il faut vous dire que nous autres Français, quand nous rencontrons un ours, nous l'appelons Martin; justement il y avait là un arbre. Je lui crie: Martin, monte à l'arbre!.. Je me disais: pendant qu'il s'en ira là-haut, moi, je détale.

LE PRINCE.

Il est très-distingoff!

TIENLDÉ.

Mais, pas du tout; au lieu de monter, il murmure quelque chose entre ses dents, je me dis : j'ai fait une boulette, j'aurais dû l'appeler Martinskoff; mais, va te faire fiche, il était trop tard, il se lève et s'élance droit sur moi.

LE PRINCE.

Alors, que fîtes vous?

TIENLDÉ.

Eh, parbleu! je ne fis pas le malin, comme ils disent à l'Odéon. Je croyais que les chasseurs allaient venir, mais c'est Martin qui venait; enfin, je m'aligne, je lui envoie ma botte secrète, mais je tombe dessous, il tombe dessus, et me voilà propre; c'est alors que Wladimir approche, il me crie : Où es-tu, ma vieille branche? — Dans le sixième dessous, que je lui réponds. — Eh bien, si je t'y laissais, la bonne farce, hein?—Ah! pas de bêtises! — Alors il me recrie : Ne bougeons plus. Je croyais qu'il voulait faire notre photographie, mais, pan, pan, deux détonations se succèdent, et l'ours s'éteint doucement dans mes bras en m'appelant sa mère... C'était Wladimir!

LE PRINCE.

L'ours?

TIENLDÉ.

Mais non, mon sauveur.

LA COMTESSE.

C'était mon fils.

LE MÉDECIN.

C'est superbe!

L'OPHICLÉIDE.

C'est héroïque!

WLADIMIR, à part.

Je crois que c'est le moment de me montrer. (Haut.) Mesdames, messieurs.

TOUS.

Wladimir! v'là l'héros! Bravo! bravo!

(Pendant que Wladimir descend, l'orchestre bat aux champs.)

TIENLDÉ, à Wladimir.

Tu entres trop tôt! j'ai encore à débiter ma petite tirade sur les femmes.

WLADIMIR, à Tienldé.

Eh bien, je te revaudrai ça tout à l'heure. (Haut.) Mesdames et messieurs, ma modestie bien connue... Princesse, voulez-vous me permettre de déposer un petit becquot sur votre petite menotte. (Le médecin et l'Ophicléide vont reprendre leurs places, le prince et la comtesse se remettent à leur table de jeu.)

LA PRINCESSE.

O bonheur! ô joie trop courte!

TIENLDÉ, à la princesse.

Comment, ô joie trop courte! vous l'aimez donc?

LA PRINCESSE.

Si je l'aime! mais, c'est-à-dire que quand il voudra...

TIENLDÉ.

Ah! mais non! ah! mais non! (A la princesse.) Je vous aime, moi, entendez-vous? Je t'aime, entends-tu? Ah! si tu savais comme je t'aime!

LA PRINCESSE, haut.

Allons, mon petit Tienldé, vous ne savez pas ce que vous dites ; vous êtes trop jeune, vous ne connaissez seulement pas les femmes.

TIENLDÉ, à Wladimir, bas.

Oh ! malheur. Attention !

WLADIMIR.

Vous dites qu'il ne connaît pas les femmes ! vous allez voir ça. Allons, cher vicomte, donnez-nous votre petite théorie sur le beau sexe. (Il va réveiller le docteur et l'Ophicléide et les fait venir sur le devant de la scène, ainsi que le prince et la comtesse, qui viennent avec leurs cartes à la main. lorsque Tienldé a frappé, comme la première fois, trois coups dans ses mains.)

TIENLDÉ.

Puisque vous insistez tous, je vais vous dire ma théorie sur les femmes. Je commence ma théorie sur les femmes, théorie, fable : Moi, je divise les femmes en deux catégories : *notre femme* et *celle des autres;* et, ce qu'il y a de curieux, c'est qu'ordinairement notre femme devient celle des autres, alors que celle des autres devient notre femme. *Notre femme*, c'est Bobonne, Lolotte et Bichette, être insupportable qui a inventé la belle-mère, qui ne donne pas à téter elle-même à ses mioches, et fait poser les sangsues dont nous avons besoin par une garde-malade. *La femme des autres,* c'est celle que nous pourrions éviter et que nous nous collons tout de même : c'est la Vénus de Gordes, la femme de Claude ou la femme-canon, la cocotte en sucre. le petit chien-vert, la femme à barbe, la femme à deux têtes, Mlle Giraud et la femme Crampon !... Je ne parlerai pas de la femme de M. Benoîton, qu'on ne voit jamais, ni de celle de Belleville, qu'on ne voit pas davantage.

LA PRINCESSE.

Mais, vous ne parlez pas non plus de la femme russe ?

WLADIMIR, LE MÉDECIN, LA COMTESSE.

Ah ! oui, la femme russe !

TIENLDÉ.

Ah ! vous m'embarrassez, belle dame ! Mais, s'il m'était permis d'ajouter une légende à toutes celles de votre pays, je me tirerais d'affaire en deux mots.

TOUS.

Ah !

TIENLDÉ.

Ma légende en deux mots, légende, fable : Quand le diable eut fait la femme, il réfléchit un moment et dit : « Il faut faire pire que tout ça ! » et il fit... (Un silence.) la Parisienne !

LE PRINCE, montrant son jeu à Tienldé.

Auriez-vous écarté ça !

TOUS.

Ah ! très-bien ! très-bien !

LA PRINCESSE.

Allons, pas mal !

(Le docteur et l'Ophicléide vont reprendre leurs places. Le prince et la comtesse se remettent à la table de jeu.)

TIENLDÉ, à la princesse.

Vous voyez bien que je connais les femmes ; vous êtes une exception, faisons connaissance, voulez-vous, ma petite chatte ?

LA PRINCESSE.

Jamais de la vie !

TIENLDÉ.

Oh ! voyons ! quel est votre dernier mot ?

LA PRINCESSE, gracieusement.

Le voici : zut ! (Elle remonte un peu à droite.)

TIENLDÉ.

Oh ! alors, en avant la diplomatie ! tu vas voir ça ! (A Wladimir.) Cher W'la, cher Wladimir, tu vois bien cette femme ?

WLADIMIR.

Yes !

TIENLDÉ.

L'aimes-tu ?

WLADIMIR.

Oh ! qu't'es bête ! mais pas! ça, pas une miette !

TIENLDÉ.

Alors, qui aimes-tu donc, déjà?

WLADIMIR.

Mais Nana, na !

TIENLDÉ, à la princesse.

Vous voyez, il aime Nana, na !

LA PRINCESSE.

Et où est-elle ! c'te p'tite Nana, na ?

WLADIMIR, larmoyant et chantant.

Là-bas ! là-bas ! tout au bout de la terre !

TIENLDÉ, continuant.

Là-bas ! là-bas ! tout près du Luxembourg ?

LE PRINCE, mettant deux sous sur la table.

Tenez, tenez, allez-vous-en !

WLADIMIR.

Non, à Schava. Elle m'attend !

TIENLDÉ.

Et tu coupes encore là-dedans?

WLADIMIR.

Mais...

TIENLDÉ.

Naïf enfant ! elle est mariée, la p'tite !

WLADIMIR.

La petite mariée ! oh là !

TIENLDÉ.

Il n'y a pas: oh là! mariée.

WLADIMIR.

Pas possible, avec qui ?

TIENLDÉ.

C'est ta mère...

WLADIMIR.

Oh ! oui, c'est amer !

TIENLDÉ.

C'est ta vieille boyarde de mère qui l'a mariée avec son cocher Ostyp sitôt que tu as eu le dos tourné ; elle l'a affranchie comme une lettre et elle l'a mise à la poste... non, à la porte ! — Elle est bonne, celle-là ?

WLADIMIR, rageant.

Eh bien, tu vas voir si elle est bonne ! (Il va vers sa mère qui joue au piquet avec le prince.) Maman, maman, est-ce vrai ?

LA COMTESSE.

Quoi ?

WLADIMIR.

Que vous avez marié Ostyp à Nana ?

LA COMTESSE.

Mais oui, laisse-moi tranquille.

WLADIMIR.

Comment ! tu as fait ça ? Mais sais-tu comment je t'appellerais si t'étais pas maman ?

LA COMTESSE.

Moi, j'sais pas!

LE PRINCE, regardant son jeu.

Oh! la gueuse!

LA COMTESSE, se lève en tenant ses cartes.

Prince, vous m'insultez, je crois?

LE PRINCE.

Non, c'est cette carte qui me rentre, que j'invective... Je joue pique! (La comtesse se rasseoit.)

WLADIMIR, avec fureur.

Voyons, maman, sais-tu comment je t'appellerais, dis, le sais-tu?

TOUS.

Que va-t-il faire?

WLADIMIR, froidement et regardant le jeu de sa mère.

Mais abats donc, tu as 90.

LA COMTESSE.

C'est vrai, j'ai gagné!... (Elle vient sur le devant de la scène. Allons, parle.

WLADIMIR.

Eh bien, je t'appellerais...

TIENLDÉ.

Mais t'as pas besoin de l'appeler, puisqu'elle est là!

WLADIMIR.

C'est juste! (A la comtesse.) Alors vous vous êtes assise sur le contrat que nous avons passé chez l'homme d'affaires.

LA COMTESSE.

Oui, après? Tu ne vas peut-être pas faire un procès à ta pauvre femme de mère. Tu sais bien que je n'aurais jamais souffert que ce sang aristocratique qui coule dans tes veines, tu l'associasses à ce sang prolétaire et que tu l'y mêlasses!

TIENLDÉ, haut.

Eh bien, il y est en plein : c'est ce que nous appelons un impair.

LA PRINCESSE.

Charmant. (A Tienldé.) Nous reconnaissons bien là cette vieille galantine... française.

TIENLDÉ.

Princesse, vous charcutez un peu la langue.

LA PRINCESSE.

Continuez, cher comte?

WLADIMIR.

Je n'ai plus besoin de continuer. Et puique c'est comme ça!... (Il prend sa lance.)

LA COMTESSE.

Que va-t-il faire?

WLADIMIR.

Je pars.

LA COMTESSE.

Où vas-tu?

WLADIMIR.

J'vas les tuer et après je m'péris! (Il sort.)

ZAMOILKOFF, paraissant au fond.

Je tiens ma vengeance.

TOUS, plus Zamoilkoff, s'avancent sur le devant de la scène, — en chœur.

Je me vengerai!!!

TOUS, en chœur.

En jouant du Wladimir
En jouant du Wladimir
En jouant du li
Du ton
Du Wladi mirliton !

(Ils sortent. — La neige tombe.)

(L'orchestre joue quelques mesures de valse pendant que la neige tombe. — Fin du Premier tableau.)

DEUXIÈME TABLEAU

SCÈNE IV

NANA ME-V'LA, seule. (La neige cesse.)

To be or not to be, that is the questionoff! — L'être ou ne pas l'être! — Quoi? mariée! — Car je suis mariée et je ne le suis pas! — Mariée à un cocher... à un cocher qui est bouché! Oui, bouché! car il faut l'être pour ne pas voir... (Elle se regarde d'un air satisfait.) J'y perds tout mon cosaque. Je lui apprends un tas de choses, *l'astronomie, la musique, la grammaire* et la *pisciculture*. Mais enfin, je ne peux pas tout lui apprendre! — Ce n'est pas que j'aie oublié Wladimir! Oh! du tout! Je l'adore, chacun sait ça : mon mari tout le premier! Mais il y a des jours où l'on est nerveuse... Eh bien ! il ne voit rien, Joseph, il ne comprend rien! Hélas! comment ne serait-il pas si bête, étant si bon? car il faut être l'un ou l'autre pour... Mais n'anticipons pas... Ah! Wladimir! il est temps que tu reviennes... (On entend le roulement d'une voiture.) Enfin, j'entends le pas de mon mari... Vous allez voir si ce n'est pas un beau cocher!

SCÈNE V

OSTYP, NANA ME-V'LA

(Ostyp entre, son fouet à la main, et il échange un long regard avec Nana ; après avoir fait claquer son fouet il va le mettre dans le porte-cannes.)

NANA, s'élançant vers lui comme pour l'embrasser.

Ah! Joseph! Poudjeraiti, Joseph!

OSTIP, la repoussant doucement et les yeux au ciel.

Qu'elle est belle, cette femme! — Ah! tais-toi! mon cœur!

NANA, au public.

Vous voyez... Eh bien, c'est tout le temps comme ça! (A Ostyp.) Voyons, mon petit Joseph, as-tu été bien sage, bien gentil aujourd'hui?

OSTYP.

Oh! oui, va!

NANA.

Tu n'as pas conduit de femmes, au moins?

OSTYP.

Oh! des femmes! tu sais bien que je ne charge jamais ce colis-là!

NANA.

Bien, mon Ostyp! Tu es grand, tu es bon, tu es beau!

OSTYP.

Ah! non, ma petite Nana, pas de déclaration! pense à Wladimir. C'est lui qu'il faut aimer, madame!

NANA.

Oh! sois tranquille... (Avec passion et se rapprochant d'Ostyp.) Mais Wladimir est si loin, et toi tu es si près... (Elle le regarde tendrement.)

OSTYP, fuyant.

Ah! ne me tente pas!... ah! mon sang brûle. J'ai le cœur en feu... Quelque chose pour éteindre cet incendie! Ah! (Il saisit une carafe frappée placée sur la table de jeu et masquée par un vase de fleurs, et se l'applique sur le cœur.) Tiens! elle est frappée!

NANA, simplement.

Oui, il tombait de la neige tout à l'heure.

OSTYP.

Ça n'm'étonne pas... Il y avait un verglas dans les rues... Et justement, voilà que je cueille un voyageur de malheur au débarcadère d'Odéon-Ceinture! (Ils s'assoient, Ostyp sur une chaise et Nana sur le pouf.) Je le conduis boulevard de Sébastopol, barrière d'Inkermann, nous passons la Newa au pont Noff, j'enfile les boulevards extérieurowitch, enfin nous ne nous arrêtons qu'à la tour Malakoff. — Là, je me suis endormi sur mon siége, et j'ai fait un rêve... Oh! mais un rêve!

NANA, se levant.

Quel rêve, raconte-moi ça!

OSTYP, même jeu.

J'étais tout en haut, tout en haut, tout en haut d'une toute petite montagne, et je voyais émerger d'un nuage un nez bien connu,... le nez de celui que tu aimes...

NANA.

Le nez de Wladimir?

OSTYP.

Wladimir! c'est toi qui l'as nommé! Il sortait d'un beau nuage jaune; il me regardait d'un œil sévère et, enflant sa voix, il me criait : « Qu'as-tu fait de ma Nana? » Autour de lui voltigeait une société orphéonique de petits chérubins, qui se mirent à chanter en chœur d'une voix douce et flûtée :

Rendez-lui sa Nana! s'il vous plaît.
Rendez-lui sa Nana! pioum, pioum!

NANA.

Alors, que fis-tu?

OSTYP.

Je me suis écrié : Oui, je te la rendrai, ô mon maître! Elle est à ta disposition; tu peux venir ici la chercher. Elle n'est pas t-à moi, elle est z-à toi.

NANA.

Pauvre homme! comme il parle mal le russe. Voyons, as-tu ton livre?

OSTYP.

Ma grammaire?

NANA.

Oui! ton Noël et *Chapska*.

OSTYP.

Allons, bon! je l'ai laissé dans ma voiture; je vais le chercher.

NANA.

Mais non, mais non! ce n'est pas la peine. Nous nous en passerons pour aujourd'hui... J'ai bien autre chose que ta grammaire en tête... Tiens, je vais plutôt te donner ta leçon de moujick... de musique... Voici justement un piano. (Elle prend l'ophicléide qui est resté sur la chaise du musicien.)

OSTYP.

Un piano à queue. (Bruit de voix dans la coulisse.) Du bruit!

NANA.

Quelqu'un ?

OSTYP.

C'est possible.

NANA.

Si c'était...?

OSTYP.

Vite, retourne d'où tu viens.

NANA, passant.

J'obéis. (Elle sort emportant l'ophicléide.)

SCÈNE VI

OSTYP, WLADIMIR.

OSTYP.

Monsieur Wladimir!

WLADIMIR.

Ostyp !

OSTYP.

Il va pleuvoir !

WLADIMIR.

Ah ! ah ! ah ! ah ! Infâme Ostyp ! ingrat pour ton maître, ingrat pour moi qui ai toujours été si bon envers ta famille; car, tu le sais, j'ai sauvé ton père, j'ai sauvé ta mère, j'ai sauvé ta tante et ta sœur...

OSTYP, montrant la médaille que Wladimir a sur la poitrine.

Aussi vous avez la médaille !

WLADIMIR.

Ne plaisante pas et réponds. Pourquoi m'as-tu pris ma fiancée ?

OSTYP.

Moi, je n'ai rien pris du tout, c'est madame votre mère qui m'en a fait cadeau.

WLADIMIR.

Tais-toi. (Il va prendre le fouet dans le porte-cannes.) Ah ! ah ! je ne sais ce qui me retient de te faire avaler ton fouet par le manche.

OSTYP.

Ah ! ne faites pas ça, monsieur Wladimir, ne faites pas ça ! vous vous en repentiriez bien, allez.

WLADIMIR, jetant le fouet.

Voyons, tu ne t'es donc pas souvenu que nous avions joué ensemble aux billes et à la toupie; qu'ensemble, nous avions grandi et qu'ensemble nous avions chipé des pommes. (L'orchestre joue une valse, et ils dansent lentement, entrelacés.)

OSTYP.

Si ! si ! si ! si !

WLADIMIR.

Eh bien, alors, réponds donc ! Qu'as-tu fait de ma fiancée ? qu'as-tu fait de ma Nana bien-aimée ? (Valse, même jeu.)

OSTYP.

Ta fiancée, ta Nana bien-aimée, je l'ai considérée comme un objet précieux oublié dans ma voiture et confié à ma probité. Ta fiancée ?... Quand je trouve un porte-monnaie, je le rends sans l'ouvrir.

WLADIMIR.

Et où est-elle ?

OSTYP.

Au dépôt.

WLADIMIR.

Tu dis ?

OSTYP.

Je dis que je l'ai remisée à mon dépôt, et puisque te v'là, je vais aller vous la chercher. (Fausse sortie.) Ah ! tenez. (Il lui donne un papier.)

WLADIMIR.

Ah! c'est beau! Quelle probité! C'est admirable !... Ah ça! pourvu qu'il revienne... Au fait, qu'est-ce que c'est que ça ? (Il regarde le papier qu'Ostyp lui a donné en sortant.) 77,777. C'est son numéro. Allons, il reviendra. Tiens, voici le jour qui baisse. (Demi-nuit.) Il est midi; pourquoi? (La rampe baisse.)

SCÈNE VII

WLADIMIR, NANA, avec l'ophicléide, et OSTYP, tenant une chandelle allumée.

OSTYP, fredonnant.

V'là ta femme que j'te ramène...

NANA, poussant un cri.

Ah!

OSTYP, montant sur le pouf.

Et maintenant, embrassez-vous. Embrassez-vous bien, il y a si longtemps que vous ne vous êtes vus! (Nana tombe dans les bras d'Ostyp. l'ophicléide se trouve entre eux deux et laisse échapper un son.)

WLADIMIR.

Qu'est-ce que c'est que ça?

OSTYP, inspiré.

C'est une voix d'en haut qui me juge, enfants!

WLADIMIR, prenant Nana par la main, l'emmène à part et dit à Ostyp.

Vous permettez, mon cher dépositaire?

OSTYP.

Ne vous gênez donc pas. (Il éteint sa chandelle et il fait semblant de la lécher. — La rampe se relève.)

WLADIMIR, à Nana, solennellement.

Nana! la vérité? (Il lui montre Ostyp.) Joseph?

NANA.

Ne crains rien... Je l'ai respecté.

WLADIMIR, respirant bruyamment.

Merci! tu me débarrasses la poitrine d'un poids de 500 kilos. (Il va à la porte.) Venez, venez, mes amis, que je vous apprenne une grande nouvelle.

SCÈNE VIII

LES MÊMES, TIENLDÉ, LA PRINCESSE, LA COMTESSE, L'OPHICLÉIDE, LE MÉDECIN.

LA COMTESSE.

Qu'est-ce qui se passe?

WLADIMIR.

Ostyp! ce brave Ostyp! ce cocher fidèle, me rend ma femme.

TIENLDÉ.

Et tu acceptes ça?

WLADIMIR, à Tienldé.

Ah! mon cher, un cocher admirable!

TIENLDÉ.

Après tout, il n'y a que le *fouet* qui sauve!

WLADIMIR.

Oh! va! je suis bien heureux!

TIENLDÉ.

Le plus heureux des trois, je connais ça! (A la princesse.) Suis-je assez vengé, hein?

NANA, à Wladimir.

Ah! mais, tu sais, mon petit Wladimir, pas de bêtises! c'est par-devant M. le Maire; sans ça, des petites nèfles!

LE PRINCE.

Des petites nèfles. C'est du russe.

LA PRINCESSE, à Tienldé.

Attrapé! (Haut.) La petite a raison. Rien n'est fait!

OSTYP.

Ah! mais, sapristi! ça devient assommant! (A Wladimir.) Je veux absolument me débarrasser de ma femme. Il faut que je consulte quelqu'un.

TIENLDÉ.

Consultez Dumas!

OSTYP.

Oh! je le connais, il me dirait : Tue-la!

TIENLDÉ.

Eh bien! puisque tu l'as, garde-la!

TOUS, en sourdine, avec trémolo de l'orchestre.

Allons! cherchons! cherchons! cherchons!

SCÈNE IX

LES MÊMES, ZAMOILKOFF.

ZAMOILKOFF, à la princesse.

Moi, j'ai trouvé. Pour que Wladimir, que tu

aimes, puisse épouser Nana, que tu n'aimes pas, et pour que ça te fasse rager, il faut qu'Ostyp divorce, et, pour qu'il divorce, il faut un motif puissant.

NANA.

Et ce motif, vous l'avez?

ZAMOILKOFF, au milieu.

Vous allez le connaître. J'ai des renseignements accablants sur le nommé Ostyp. Lisez, Nana! (Il lui remet un papier.)

NANA, lisant.

« Ostyp (Joseph), 35 ans, serf affranchi, actuellement cocher, et anciennement... » Oh! oh! oh! (Elle regarde Ostyp.)

TOUS.

Quoi donc?

ZAMOILKOFF.

Continuez!

NANA.

« Et anciennement employé au Sérail d'Anatole-Pacha. » Quel éclair!

TOUS.

Ah! ah!

NANA.

Voyons, Joseph, parlez donc. Est-ce la vérité?

OSTYP.

C'est la vérité.

TOUS.

Ah!

OSTYP.

J'étais employé au Sérail..., mais c'était pour y fabriquer des pastilles.

TOUS.

Ah! ah!

WLADIMIR.

Alors, ce n'est pas un motif suffisant.

OSTYP.

Il n'y en a pas d'autres ! (Prenant la main du médecin et semblant le consulter.) Docteur !... mais je veux achever mon œuvre : ma présence vous gêne, il faut que je disparaisse, n'est-ce pas ?

NANA ET WLADIMIR.

Oui ! oui ! oui !

OSTYP.

Eh bien ! vous allez voir. (Il va se placer sur une trappe.)

TOUS.

Que va-t-il faire ? (Ostyp commence à descendre.)

OSTYP.

Je me retire à la Trappe !

NANA.

Ostyp, voilà ta récompense. Tu passes à la postérité. (Elle lui montre une pancarte qui s'élève derrière Ostyp et qui représente un cocher tenant une banderolle sur laquelle est écrit : « ON REND LA FEMME. » En haut de la pancarte on lit cette inscription : « AU COCHER FIDÈLE. »)

TOUS.

Qu'est-ce que c'est que ça ?

TIENLDÉ, lisant.

« Au cocher fidèle... On rend la femme... »

TOUS, en chœur.

En jouant du Wladimir
En jouant du Wladimir
En jouant du li
Du ton
Du Wladi-mirliton !

FIN.

PIÈCES DE THÉATRE

MON ABONNÉ. — Comédie en un acte de M. Émile DESBEAUX, représentée sur le théâtre de CLUNY (2 personnages). Éditeur : TRESSE.

AGENCE MATRIMONIALE. — Comédie en un acte de M. Émile DESBEAUX, représentée sur le théâtre des MENUS-PLAISIRS (4 personnages). Éditeur : TRESSE.

LE TRIANGLE OU LA MORT! — Parodie en un acte de *l'Homme-Femme*, par MM. DRAL et CHAUVIN (5 personnages). Éditeur : *Librairie coloriée*, rue Rochechouart, 7.

PIGALLE-REVUE. — Revue de l'année 1869, par MM. DRAL CHAUVIN et KADER, représentée au CERCLE PIGALLE. Éditeur : LACROIX.

GOUTEZ-EN ! GOUTEZ-Y ! — Revue de l'année 1872, par MM. DRAL et CHAUVIN, représentée à la TERTULIA.

MÈNE-MOI Z'Y, ALPHONSE! — Revue de l'année 1873, par MM. DRAL et CHAUVIN, représentée aux FOLIES-MONTHOLON.

LE PROCÈS DES FRANCS-FILEURS. — Vaudeville en un acte, de MM. CLAIRVILLE et Emile DESBEAUX, représenté sur le théâtre du CHATEAU-D'EAU.

LE MYSTÈRE DE WESTFIELD. — Roman américain, par M. Émile DESBEAUX. Éditeur : DEGORCE-CADOT.

Paris. — Imprimerie Motteroz, rue du Dragon, 31.

www.ingramcontent.com/pod-product-compliance
Ingram Content Group UK Ltd.
Pitfield, Milton Keynes, MK11 3LW, UK
UKHW022003260726
13994UKWH00004B/1927